APPEL AU DROIT COMMUN.

Versailles. — Imprimerie de MONTALANT-BOUGLEUX, avenue de Sceaux, 4.

APPEL AU DROIT COMMUN.

E. B. DE GAUCOURT

AUX CITOYENS

MEMBRES DU GOUVERNEMENT PROVISOIRE.

Prix : 50 centimes.

SE VEND A VERSAILLES :

CHEZ BERNARD, LIBRAIRE-ÉDITEUR,

Rue Satory, n.º 9.

A PARIS :

Chez DENTU, Libraire, au Palais-National, galerie vitrée.

1848

E. B. DE GAUCOURT

AUX CITOYENS DU GOUVERNEMENT PROVISOIRE.

APPEL AU DROIT COMMUN.

> Le Gouvernement républicain n'admet
> ni ostracisme, ni exclusion.
>
> (ARMAND CARREL.)

LA République vient d'être proclamée par le Gouvernement provisoire. Ce Gouvernement, élevé par les Combattants de Février, succède aux institutions d'août 1830. Quelles sont les causes et l'occasion de cette révolution? quel doit être le but du Gouvernement?

L'occasion? des Députés et l'opinion publique croyaient les banquets un de leurs droits constitutionnels ; le pouvoir et ses adhérents le niaient ; à la menace succède un défi ; la lutte s'engage. La Garde Nationale, méconnue pendant dix ans, refuse son concours, l'armée est accablée sans combattre ! La royauté apporte un dernier enjeu en envoyant une Princesse réclamer un fragment de cette couronne, dont on lançait plus loin les autres débris à la foule ; et la foule vient elle-même chasser du sanctuaire législatif et les Princes et les donneurs de couronne.

Nouveau 18 brumaire, qui enveloppe à la fois et la dynastie et la législature.

Certes, chez un peuple aussi sensé que le nôtre, le refus de laisser des citoyens dîner ensemble n'est pas la cause de la Révolution ; ce n'en est que l'occasion. Sous ce refus de réunion se résumaient mille souvenirs :

Les lois de septembre, la complicité morale et les Jurés probes et libres ; les dotations, les Princes hauts fonctionnaires et les singuliers accroissements du domaine privé ; on était irrité du droit de visite, du désaveu et de la destitution de certains fonctionnaires, de quelques avances faites aux cours du Nord, et du mauvais vouloir envers les Princes et les Peuples réformistes; on se dégoûtait d'un budget toujours croissant et d'une prospérité sans cesse décroissante, d'un ministère si pâle devant l'étranger, si astucieux devant les Chambres, proposant des lois diffuses et ajournant toutes réformes!

Liberté de la presse et liberté du vote, liberté d'enseignement et liberté d'association, liberté industrielle et liberté commerciale, toutes les libertés étaient chaque jour méconnues ou étranglées!

Réforme parlementaire et électorale, réforme douanière et de l'impôt du sel, réformes administratives et de l'enseignement, tout était sacrifié au Gouvernement personnel, à l'abus des influences, à l'entretien de l'agiotage, au mercantilisme industriel, à la corruption législative, à l'oubli des intérêts nationaux intérieurs et extérieurs, aux alliances de famille, enfin à la pensée immuable!

Voilà les causes réelles de la chute de Louis-Philippe !

Le pacte du 9 août, vingt fois gratté et surchargé, amoindri et étendu, faussé ou violé aux dépens de la Nation, vient d'être lacéré. Il semblerait que la colère divine, fatiguée de tant de ruses, ait tout réduit en poudre, tant l'éclair a été rapide et le brisement subit et instantané !

Dans l'ordre actuel des faits, qu'est-ce que le Gouvernement provisoire constitué le 24 février?

Soyons d'abord reconnaissants du courage et du patriotisme de ses Membres, qui assument sur eux la responsabilité des affaires ! Saluons avec empressement ces Citoyens, réunis sous un drapeau commun, et qui se chargent de comprimer le désordre, de proclamer la Liberté, de protéger l'Égalité, et de ressusciter la Fraternité !

La première proclamation et celle du 26 février ne se bornent pas à rappeler ces axiômes de notre droit national, elles promettent encore de réclamer l'adhésion du Peuple au Gouvernement Républicain !

C'est ici qu'il s'agit de s'entendre, d'être nets, précis et sincères.

Et d'abord, qui êtes-vous, Messieurs du Gouvernement provisoire? qui vous a réunis? qui vous a investis du droit de m'imposer une forme de Gouvernement? qui a le droit de me borner à un vote de ratification ?

Qui êtes-vous? Tous et chacun, des Citoyens honorables, qui avez résisté de tout temps à l'oppression ; vos vertus civiques sont connues !

Qui vous a réunis? Votre communauté de vues, et les acclamations de la foule victorieuse ! Jusqu'ici tout est bien, je conçois votre réunion et votre zèle à parer aux premiers désastres.

Mais dans vos proclamations, vous ne vous bornez pas seulement à des actes de pure administration! vous fondez un système nouveau ! au nom du Peuple français, vous proclamez la République!......

Ici je m'arrête ! je conteste votre droit !

Déterminer une forme de Gouvernement, c'est être Constituants ; vous ne l'êtes pas !

Le lendemain de la victoire, le vendredi 25, j'ai parcouru Paris, j'ai examiné les groupes et vu défiler les bandes armées ; tous criaient : « Vive la Réforme ! » sur la rive droite de la Seine seulement, quelques hommes dispersés criaient : « Vive la Ré-« publique. »

J'admets, si vous le voulez, qu'à Paris, toutes les bandes, la Garde Nationale, tout le Peuple (*Populus et plebs*) aient crié : « Vive la République ! » Ce ne serait là que l'expression du vœu de Paris, c'est-à-dire de la trente-cinquième partie des Citoyens de la France ! Les Parisiens ne sont pas, je pense, plus constituants que vous ou moi, et n'ont pas le droit d'imposer une forme constitutive au reste du Pays !

Je sais parfaitement que, pour expliquer votre déclaration, vos fidèles, qui, au moment de la victoire, n'osaient songer à la République, disent aujourd'hui que le Peuple a émis son vœu, qu'il vous a comme contraints et forcés à proclamer la République.

Le Peuple! où est-il? Ce n'est pas celui des départements qui, le 25 février, ne savait ce qui se passait ; ce n'est pas le Peuple parisien, que vous n'avez pas consulté ! Est-ce la Garde Nationale? mais le 22 février, en acceptant d'escorter les Membres du Banquet; le 23 et le 24, en combattant, elle ne criait que « Vive la Réforme ! » Mais où est donc la réunion qui, à vos yeux, est le Peuple de France? Dans les rues et sur les places, je vois la foule armée ; en vain je cherche le Peuple au Forum, et je ne l'y reconnais point.

Si je vous dénie le droit de m'imposer une forme de Gouvernement, je ne vous refuse nullement le titre de Gouvernement provisoire ! Dans la ville que j'habite, j'ai moi-même, à cause de mes fonctions, participé à la publication de vos proclamations; j'ai salué votre avénement comme un centre commun d'où allaient partir le signal du rétablissement de l'ordre, l'appel au Peuple et la convocation de l'Assemblée Nationale. Les besoins étaient trop graves, les circonstances trop importantes, pour hésiter à admettre un fait malgré les erreurs de droit public contenues dans vos déclarations.

Il faut, en effet, distinguer entre votre mission spontanée comme pouvoir exécutif révolutionnaire, que tous semblent reconnaître sous l'impression de la Liberté, de l'Égalité et de la Fraternité, et votre position de Pouvoir Constituant indiquant une forme de gouvernement.

Vous déclarez la France en République, c'est cette déclaration que je conteste. Vous êtes sans mission pour proclamer une forme quelconque de gouvernement ! Vous n'êtes ni le peuple, ni ses Délégués constitutionnels ; vous n'êtes que des administrateurs provisoires, et rien de plus !

Votre candidature naît d'un concours tacite, votre mission est le rétablissement de l'ordre !

Votre proclamation du 26 février, con-

tient ce qui suit : « *La royauté, sous quel-*
« *que forme que ce soit, est abolie. Plus de*
« *Légitimisme , plus de Bonapartisme , pas*
« *de Régence ! Le gouvernement provisoire a*
« *pris toutes les mesures nécessaires pour*
« *rendre impossible le retour de l'ancienne*
« *dynastie et l'avénement d'une dynastie*
« *nouvelle. La République est proclamée ! le*
« *peuple est uni.* »

La royauté est abolie !

C'est vous qui dites cela ! Et de quel
droit ? En 1792, en 1815, en 1830 même,
on a aussi aboli la royauté, et vous l'avez
vue reparaître en 1804, en 1815, en 1830 !

Vous « *avez pris des mesures pour empê-*
« *cher des retours ou des avénements de dy-*
« *nasties.* »

Libre à vous de prendre des mesures ;
mais qui êtes-vous devant la Nation , laquelle peut anéantir vos mesures prises
sans son concours et dans vos seuls capri-
ces ! Vous vous trouvez onze pour ne vouloir ni de Légitimisme , ni de Bonapartisme, ni de Régence ; mais nous pouvons

nous rencontrer trois groupes de onze citoyens, aussi patriotes que vous, et qui
voulions de chacun de ces systèmes! Dites-
moi, s'il vous plaît, qui sera appelé à pro-
noncer entre le vœu de nos quatre groupes ?

En un mot, ni votre avis, ni le mien
ne sont préférables, ni vous ni moi ne de-
vons exclure personne! Attendons tous
avec fraternité, sous l'inspiration du droit
commun, l'expression de la volonté de
tous.

La volonté de tous, c'est le droit commun, c'est là la seule inspiration qui gui-
dera le travail de l'Assemblée Nationale.

Avant tout consultez loyalement la Nation !

Ici, je dois reprendre un mot de la première de vos proclamations. « *Vous allez
dites-vous, offrir la République à la ratification du peuple.* »

Et quelle République, s'il vous plaît,
choisirez-vous donc ? Allez-vous trier dans
le vaste arsenal du *Bulletin des Lois*, la

Constitution de l'an III ou celle de l'an VIII? ou bien allez-vous nous offrir une Constitution modèle États-Unis?

Et puis , votre choix fait, vous viendrez donc nous dire : « Voici la meilleure des « Républiques, si elle vous convient, in- « scrivez sur des registres un *Oui* d'accep- « tation...... »

Je vous le déclare, si c'est là ce que vous appelez une ratification, vous prenez une détestable mesure qui attirera sur le pays une polémique ardente et de dange- reuses collisions.

Les ratifications n'ont pas manqué de 1790 à 1804; qu'est-il resté de tous ces systèmes plus ou moins ratifiés?

Vous n'irez pas, je le pense, appeler des ratifications, ces sortes d'adresses ou de compliments, dont en 1793 , en 1804, en 1814, en 1830, les corps constitués acca- blèrent la Convention , le vainqueur de Marengo , l'auteur de la Charte octroyée et le bénéficiaire de la Charte bâclée !

Reconnaissons-le ! en ce moment la

France applaudit à votre dévoûment et à vos lumières, il faudra la forcer par vos actes à honorer votre désintéressement et votre patriotisme! Demandez-lui son opinion.

Demandez cette opinion d'une manière large; sollicitez des réponses précises, de façon qu'en arrêtant pour l'avenir toutes hésitations et tous regrets, vous assuriez, avec votre propre gloire, la stabilité de l'État!

Comme principe, n'oublions pas qu'en dehors du droit commun il n'y a que violation du droit primitif, en d'autres termes, que hors du choix libre de la Nation, il n'y a qu'usurpation.

Donc, personne n'a le droit de solliciter une ratification à un gouvernement quelconque. Votre mission est de proposer à la Nation convoquée par vous en assemblées primaires plusieurs formes de gouvernement. Les votes recueillis seront publiés, et leur majorité formera l'expression de la souveraineté nationale. Cette souveraineté, base de la Constitution , liera essentielle-ment les pouvoirs de l'Assemblée Nationale !

Hors de là tout est mensonge !

Dieu me garde ici d'introduire un sys-tème nouveau ! Le droit commun est le seul moyen d'arriver à une solution sensée et définitive. Nos lois, d'ailleurs, et le bon sens nous offrent des modes d'agir, que nous allons indiquer succinctement, 1.° sur les citoyens à appeler au vote ; 2.° sur le mode de recueillir ; 3.° sur les votes à for-muler.

1.° Les personnes appelées à voter sont les citoyens désignés par l'art. 2 de la sec-tion II. chap. I, titre III de la Constitution du 14 septembre 1791. — C'est la base la plus large.

2.° On recueillerait les votes par écrit et secrètement, selon les usages électoraux actuels, dans des Assemblées communales, sous la présidence du Maire et des Délé-gués du Conseil municipal, faisant fonc-tions de scrutateurs.

Ces Assemblées déterminées jadis pour

l'élection des agents municipaux, par l'article 1, § III, chap. I de la loi, du 18 ventôse an VI (18 mars 1798) (*).

(*) Ainsi la volonté nationale ne s'exprime que dans les Assemblées primaires-communales. Pour dépouiller les procès-verbaux des communes, on fait une Assemblée par canton; pour dépouiller les procès-verbaux des cantons, il suffit d'une Assemblée départementale. Chacune de ces Assemblées nomme deux Délégués pour la représenter au dépouillement; l'Assemblée cantonnale se compose donc de deux Délégués de chaque commune du canton; l'Assemblée départementale de deux Délégués de chaque canton du département. L'Assemblée départementale nomme également deux Délégués pour assister à l'Assemblée générale, à Paris ou au lieu indiqué par le Gouvernement provisoire.

La présidence de l'Assemblée cantonnale appartient au Juge de Paix, qui compose le bureau des deux Maires les plus âgés et des deux les plus jeunes, avec un Secrétaire pris parmi les Délégués.

La présidence de l'Assemblée départementale et la formation du Bureau appartiennent au Tribunal de première instance du chef-lieu.

La direction de l'Assemblée générale appartient au Gouvernement provisoire.

Les bureaux des Assemblées communales dresseront des procès-verbaux en triple exemplaire, dont l'un sera remis aux Délégués élus, le second aux archives du lieu de la tenue de l'Assemblée, le troisième adressé à l'As-

3.° Quels votes seront formulés !

C'est donc devant le vote de toute la communauté française que viendra échouer le projet de ratification. L'expression de la souveraineté est un droit dont vous avez le

semblée supérieure, où doivent se réunir les Délégués, savoir : celui de chaque commune au Juge de Paix du canton ; celui de chaque canton au Président du tribunal de première instance ; celui de département au Gouvernement provisoire. Dans les villes comptant plusieurs justices de paix, l'Assemblée primaire se tiendrait dans les circonscriptions des sections municipales (loi de 1831). —Le plus ancien Juge de Paix tiendrait l'Assemblée cantonnale, où siégeraient les Délégués des sections, et deux des autres communes du même canton.

Il est bien entendu que les Délégués de chaque degré n'ont que deux fonctions : la première, d'assister au dépouillement des procès-verbaux ; la seconde, d'élire d'autres Délégués.

Les Délégués de département, réunis en Assemblée générale, sous la présidence du Gouvernement provisoire, n'ont aucun droit constituant ; ils se bornent à ordonner la publication du résultat des procès-verbaux dépouillés devant eux, et à prescrire la tenue de l'Assemblée nationale ou la convocation de nouvelles Assemblées primaires, si leurs vœux n'avaient pas eu une majorité absolue et définitive.

devoir d'imposer l'accomplissement. Tous et chacun ont un droit égal à manifester leurs opinions sur la forme de gouvernement à adopter.

Si les votes recueillis ne donnaient pas à l'une des opinions une majorité absolue, il faudrait présenter alors au choix des assemblées primaires, deux au moins des formes de gouvernement qui auraient obtenu le plus de suffrages.

Il faut, avant tout, présenter à la délibération des Assemblées Primaires des formules simples qui rappellent des modes de gouvernement déjà tentés ou des projets clairs et précis.

Voici, par exemple, comment nous proposons l'articulation de ces formules :

1.° — La Constitution de 1791 ; c'est une Royauté héréditaire et une Chambre ;

2.° — La Constitution de l'an III (22 août 1795) ; c'est la République avec un Directoire et deux Conseils Législatifs ;

3.° — La Constitution de l'an VIII (10 novembre 1799) ; c'est la Républiqne avec

des Consuls temporaires, un Sénat, un
Tribunat et un corps Législatif ;

4.° — La Constitution de l'an XII (18 mai
1805) ; c'est une monarchie héréditaire,
avec des garanties Constitutionnelles.

5.° — La Charte avec de larges Réformes ;
c'est une monarchie constitutionnelle
et héréditaire ;

6.° — Une Constitution sur le modèle des
États-Unis d'Amérique ; c'est une République fédérative avec un Président tem-
poraire, un Sénat et une Chambre re-
présentative.

Il est bien important de remarquer que
la première et l'unique opération à laquelle
le Gouvernement Provisoire doit procéder,
est de provoquer le vote de la souveraineté
nationale dans les Assemblées primaires.

Commencer, au contraire, par convo-
quer des électeurs pour nommer des Représentants à une Assemblée nationale ou
constituante avant de consulter le peuple,
serait une usurpation sur la souveraineté
du peuple.

En effet, des Représentants réunis con-
naîtraient mal le vœu de la Nation ; ils
pourraient subir mille influences diverses,
obéir à des préjugés invétérés ; et nous
avons d'ailleurs l'exemple des abus énor-
mes que les Assemblées délibérantes ont
commis depuis près de soixante ans. Les
séductions du pouvoir, l'éloquence de quelques membres, les coteries de quelques
députés, des systèmes d'intimidation ou
de flatterie, la corruption d'une grande
ville viennent bien vite à bout d'ôter à
chaque Représentant sa liberté d'esprit et
d'action.

L'Assemblée Nationale ne doit donc pas
choisir une forme de Gouvernement, elle
ne doit que rédiger les détails de la Constitution, qui sera primitivement votée en
principe par les Assemblées primaires.

Le vote primordial appartient à la souveraineté du Peuple ; il ne peut être expri-
mé que par la Nation réunie en Assemblées primaires. L'Assemblée Nationale
n'est et ne doit être qu'un Délégué chargé

de coordonner les détails de la Constitution choisie par le Peuple-Souverain.

Citoyens Membres du Gouvernement provisoire, au nom de l'amour de la Patrie,
nous vous adjurons donc de fixer d'une manière définitive le terme de nos hésitations
politiques ! Fermons l'abîme des révolu-
tions et brisons le sceptre de toutes tyran-
nies; que la Nation soit réellement convoquée, et donnons-nous un Gouvernement
émané enfin de la souveraineté populaire
loyalement et complètement entendue.

Tout doit reposer sur le DROIT COMMUN !
Quelle que soit la forme du Gouvernement,
nous sommes convaincus qu'au milieu du
XIX.ᵉ siècle, elle répondra à nos grands
principes :

LIBERTÉ, ÉGALITÉ, FRATERNITÉ!

Versailles, le 1.ᵉʳ mars 1848.

GAUCOURT.

P. S. Au moment de mettre sous presse,
nous lisons le décret prescrivant les élec-

tions générales pour l'Assemblée nationale.

Nous admettons la base du vote univer-
sel, plus large que celle de la Constitution
de 1791 ; mais nous persistons à penser
1.º que le vote, dans l'Assemblée commu-
nale, sera le seul vrai et le seul praticable ;
2.º qu'il faut plusieurs degrés d'élection
et de dépouillement ; 3.º que l'on doit consulter la Nation avant les élections, ou bien
que les Députés devront, dès la première
séance, provoquer le vote populaire sur la
forme du Gouvernement, avant de commencer le travail de la Constitution.

www.ingramcontent.com/pod-product-compliance
Lightning Source LLC
Chambersburg PA
CBHW061819060726
47597CB00008B/3269